AF599764

Verano

Jorge Roelas

Aliar ediciones

Edición al cuidado de ALIAR Ediciones
www.aliarediciones.es
info@aliarediciones.es

Primera edición: junio 2024
Depósito Legal: GR 872-2024
ISBN: 978-84-10374-25-6

Impreso en España - *Printed in Spain*

El papel utilizado para la impresión de este libro está calificado como papel ecológico y procede de bosques gestionados de manera sostenible.

Verano

Jorge Roelas

Dedicado a las mujeres.

Y en especial a Toñi Arranz, productora de VERANO y la primera persona que creyó en mí como autor. A Ana Marzoa, Ruth Gabriel y Lidia Navarro, que fueron las actrices que estrenaron VERANO.

A Tamzin Townsend, directora del montaje de VERANO.

Y a tres mujeres que son el centro y lo más importante de mi vida.

Sonia, Marina y Paula.

GRACIAS.

Prólogo

VERANO... ORIGINAL Y COPIA

Jorge Roelas es un actor que trasciende, que siempre ha trascendido al mero oficio de actuar.

Yo no sé la de años que hace que nos conocemos, pero desde la primera vez que le vi interpretar a Pirandello me di cuenta que no estaba ante un actor normal. Jorge era y es uno de esos actores que sabe cómo volcar en la escena los rincones más íntimos de su alma... las aristas más hirientes en donde suele cobijarse la verdad. No la verdad formal, sino, como decía García Lorca «...la verdad para ser representada».

Es por ello que no me resulte extraño descubrir que el actor que yo admiraba y admiro nos presente un texto sin florituras, sin acrobacias dramatúrgicas, en donde la verdad se vuelca ante nosotros con la misma fuerza agobiante de un verano sofocante sin el bálsamo del aire acondicionado.

Cuatro personajes idénticamente distintos nos brinda el autor para reflexionar sobre lo auténtico y la copia. Carmen, Gabriela, Gabi y el *whisky*. El dolor y el reproche une a los cuatro y entrelaza sus motivos... los motivos de la manipulación, dejándonos a nosotros, los espectadores lectores, el veredicto sobre la autenticidad.

El editor Gabriel encuentra una segunda familia (¿o primera?) y replica con perfección los motivos que le hicieron huir en una suerte de despacho de editor... en una segunda jaula que, sin duda, tampoco le dará tregua a su más que agobiante soledad. Si buscara una tercera familia también replicaría su despacho. Y una cuarta... y una quinta... y así hasta el infinito.

Carmen y las dos Gabrielas ahogan en el vaso de *whisky* el odio que sienten hacia ese hombre que ha editado con absoluto mimo la falsificación de sus vidas, la falsificación de sus líneas paralelas.

Ha dejado como legado una colección enorme de primeros ejemplares únicos que pueblan las estanterías de sus dos veranos de calor insoportable. Ha conversado los mismos diálogos mentirosos a uno y otro lado de su alma y ha destrozado la vida de tres mujeres que ante nuestros ojos y sin violencia alguna quieren acabar con tanta farsa absurda.

Las tres quieren ganar, pero las tres se saben perdedoras. Nadie gana cuando las penas del alma azotan como el calor pegajoso.

El verano pasará y llegara el otoño. La vida va pasando ante nuestros ojos y nos pide a gritos reformarla aunque solo quede esa reforma en retazos de decoración.

Estas tres mujeres morirán víctimas del sofoco. Podrán reconstruir las piezas absurdas de su castillito de Lego. Y verano tras verano se agostarán en la pradera y mirando al infinito se harán la eterna pregunta: ¿quién soy yo?... ¿El original o la copia?

A esa pregunta no hay una respuesta curativa.

En el casino de la vida como en el verano... el *whisky* siempre gana.

Juan Echanove

Ficha técnica

DIRECCIÓN
Tamzin Townsend

INTÉRPRETES
Ana Marzoa (Carmen)
Ruth Gabriel (Gabriela)
Lidia Navarro (Gabi)

EQUIPO ARTÍSTICO

Ayudante de dirección
Emilio Lorente
Escenografía
Ricardo Sánchez Cuerda
Iluminación
Felipe Ramos
Música
Pavel Sakuta
Vestuario
Javier Zapardiel
Regidor
David Rodríguez Garzón
Diseño Gráfico
Vicente Amorós (Doctor Braum)
Comunicación
Publiescena

Diseño de producción
Toñi Arranz
Gerente de Compañía
David Rodríguez Garzón

REALIZACIONES Y EQUIPO TÉCNICO

Escenografía
Locura Producciones, S.L.
Atrezzo
Miguel Ángel Infante
Soporte Técnico
Armar Iluminación y Sonido, S.L.

PRODUCCIÓN Y GIRA

Toñi Arranz Producciones, S.L.

Estrenado en el Gran Teatro de Córdoba, el 14 de Octubre de 2011.

Una tarde de verano

Despacho en la planta baja de un chalet de dos plantas. La casa es de un editor.

Casi todo lo que vemos tiene aproximadamente unos cincuenta años, fecha en la que se construyó la casa.

Estanterías llenas de libros y vitrinas con premios conseguidos por la editorial.

Frente al espectador hay una escultura realizada por un contemporáneo de Miró, Chillida y Dalí.

Hay dos ventanas grandes. Una a un lado del espectador y otra de frente.

La parte de abajo de alguna de las estanterías son armarios para guardar la loza propia de licores, té y café.

A la derecha del espectador hay una puerta que comunica con un aseo.

A la izquierda del espectador está la puerta de entrada al despacho.

Los muebles son de calidad, fabricados en exclusiva para el propietario en la misma fecha que se construyó la casa.

Desde la mitad del despacho hacia la puerta de la entrada hay un espacio para estar. Un sofá de dos plazas y dos sillones, uno a cada lado del sofá. En medio una mesa baja de centro.

Cuando se abre el telón, descubrimos a Carmen, una mujer elegante de unos sesenta y cinco o setenta años, que está abriendo las ventanas.

Por la puerta de entrada al despacho entra Gabriela, una mujer elegante de unos treinta y cinco años, hija de Carmen.

Gabriela observa a su madre. Carmen sigue su acción hasta que al dar la vuelta descubre a su hija.

CARMEN
Hola, hija. No te había oído entrar. Estaba abriendo las ventanas a ver si entra un poco de aire.

GABRIELA
A estas horas solo puede entrar fuego.

CARMEN
No sé cómo he podido vivir sin aire todos estos años. Pero papá siempre se negó a ponerlo. ¿Qué más le daba? Si no pasó aquí un verano jamás, siempre estaba fuera trabajando. Y por más que se lo pedí, no hubo manera de convencerle.

GABRIELA
Nunca supiste cómo conseguir algo de él.

Carmen mira a su hija. Decide no entrar al trapo.

GABRIELA
De todas maneras, esta es la habitación menos calurosa.

CARMEN
Por eso me paso aquí todo el día, tengo que solucionar tantas cosas... ¡Qué calor! ¿Has comido?

GABRIELA
Sí, ya he comido. Mamá...

CARMEN
Si quieres un café te lo tendrás que hacer tú, Mayca está de vacaciones.

GABRIELA
No, ya he tomado café. Escucha.

CARMEN
¿Qué me miras?

GABRIELA
Nada, ¿por qué?

CARMEN
Si tienes algo que decirme, dímelo ya, no pierdas el tiempo. Nunca sabe uno cuándo se va a morir.

GABRIELA
¿Por qué dices eso?

CARMEN
Mira tu padre. Tan normal y de buenas a primeras un infarto cerebral, cuando menos se lo esperaba. Además no lo digo solo por mí. También te puedes morir tú ahora en este mismo momento, antes de abrir la boca. No quiero quedarme con la duda de qué es lo querías contarme antes de morir.

GABRIELA
Ahora mismo no tengo ninguna intención de morir.

CARMEN
Nunca sabe uno cuándo se va a morir.

GABRIELA
Estás obsesionada con la muerte.

CARMEN
¿Y en qué quieres que piense? ¿En cuándo me vestiré de largo por primera vez?

GABRIELA
No te digo que no pienses en ello, pero no te obsesiones.

CARMEN
Vamos, suelta lo que hayas venido a decir.

GABRIELA
Ya la hemos localizado.

CARMEN
¿Tan pronto?

GABRIELA
Con los datos que hay en el testamento no ha sido muy difícil.

CARMEN
O sea que es verdad que existe.

GABRIELA
Y tiene una voz muy bonita.

CARMEN
¿La has llamado?

GABRIELA
De tu parte. Le he dicho que estabas reunida.

CARMEN
¿Has hablado tú con ella?

GABRIELA
Te acabo de decir que sí.

CARMEN
¿Y por qué no me has avisado antes?

GABRIELA
Porque no me ha parecido necesario.

CARMEN
¿Es la autora de la novela?

GABRIELA
Sí. Estaba muy extrañada. No podía entender cómo había llegado el texto a nuestras manos. Quería saber a toda costa quién nos lo había entregado.

CARMEN
No le habrás dicho que fue tu padre.

GABRIELA
¿Cómo le voy a decir que fue mi padre?

CARMEN
¿Qué le has dicho entonces?

GABRIELA
Le he dicho que no sabía quién lo había enviado, que estaba junto a diez o doce libretos más y que a ti solo te llegan los textos que avala un consejo de expertos.

CARMEN
¿Y se lo ha creído?

GABRIELA
Imagino. Se ha puesto como loca de contenta tratándose de nuestra editorial.

Gabriela se dirige a una estantería, presiona las tapas de unos libros falsos y se abre una especie de armario, donde se esconde un mueble bar, del que saca una botella de whisky. Luego abre la puerta de un armario que hay debajo de esa estantería. Dentro hay vasos y tazas para el café y el té. Coge un vaso y se sirve el whisky.

CARMEN
¿Ya vas a empezar a beber?

GABRIELA
Tranquila, no voy a empezar. Llevo un rato haciéndolo.

CARMEN
Todo el día con un vaso de *whisky* en la mano. Eres como tu padre.

GABRIELA
Yo no soy como mi padre. ¿Tú no quieres?

CARMEN
Sabes que ya no bebo. Cualquier día te va a dar algo.

GABRIELA
¡Qué miedo!

CARMEN
Nunca sabe uno cuándo se va a morir. ¿Qué más ha pasado?

GABRIELA
Le he dicho que estábamos interesados en publicarla si llegábamos a un acuerdo.

CARMEN
¿Publicarla?

GABRIELA
Sí. Se ha quedado muda.

CARMEN
Muda tenías que haberte quedado tú antes de hacer esa llamada.

GABRIELA
¿No teníamos que localizarla?

CARMEN
Sí. De eso se trataba, de localizarla, no de publicar su novela.

GABRIELA
¿Y qué querías que le dijera?

CARMEN
Es que tú no tenías que haberle dicho nada.

GABRIELA
Mira, mamá. Tarde o temprano tendremos que ponernos en contacto con ella.

CARMEN
¿En qué estaría pensando tu padre?

GABRIELA
Es su hija.

CARMEN
Es la hija de una puta.

GABRIELA

Me da igual la profesión de su madre. Es una hija de puta con la que tenemos que llegar a un acuerdo para poder continuar con la editorial.

CARMEN

Tú no tienes que continuar. Sería mejor que vendieras.

GABRIELA

¿Mejor para quién?

CARMEN

Para todos. ¿O es que crees que podemos seguir viviendo en condiciones con ese sueldo que nos pagan en la editorial?

GABRIELA

Vamos, mamá, no te quejes. Tenemos un buen sueldo.

CARMEN

Para ti sí es un buen sueldo teniendo en cuenta que no haces nada.

GABRIELA

Y para ti también, si lo comparas con...

CARMEN

Yo no me tengo que comparar con nadie. Merezco tener el mismo nivel de vida que cuando estaba aquí papá. Además, esta casa tiene muchos gastos. Si no vendes tu parte, ya me contarás cómo voy a poder con todo.

GABRIELA
Es una pena que dependas de mí para mejorar tu tren de vida. El testamento lo dice bien claro.

CARMEN
El testamento dirá lo que quiera, yo tengo mis derechos por ser su esposa.

GABRIELA
Dudo que tú tengas bastante con lo que legalmente te pertenece. Pero si te portas bien y me ayudas a conseguir lo que quiero, puede que tengas dinero suficiente para vivir como una reinona. Si no, tendrás que bajar tu nivelazo.

CARMEN
¿Si te ayudo? ¿A qué?

GABRIELA
Tengo un plan.

CARMEN
¿Un plan? Dios mío, sálvanos.

GABRIELA
Siempre he agradecido tanto tu confianza.

CARMEN
Déjate de tonterías. ¿De qué plan hablas?

GABRIELA
Después te lo cuento. De momento vete arreglando. Tienes una cita.

CARMEN
¿Qué?

GABRIELA
La he citado esta tarde, a las cuatro.

CARMEN
Estás loca. ¡Pero si son las tres!

GABRIELA
Por eso digo que te tienes que ir arreglando.

CARMEN
¿Y por qué tengo que ir?

GABRIELA
Por que le he dicho que le atenderías tú, que eres la que lleva estos asuntos en la editorial.

CARMEN
Es que soy la que lleva estos asuntos.

GABRIELA
Además, no tienes que ir a ningún sitio. Vendrá ella. Hemos quedado en que tomaríais café aquí, en casa.

CARMEN
¿En casa? De eso nada, yo a esa no la recibo en casa. Llámala y queda con ella en la editorial.

GABRIELA
Va a venir a casa porque es mejor que no hable con nadie de allí.

CARMEN
¿Cómo eres así?

GABRIELA
¿Cómo soy?

CARMEN
Eres como tu padre.

GABRIELA
No me vuelvas a decir eso, ¿vale?

CARMEN
No pienso abrirle la puerta.

GABRIELA
Entonces tendré que atenderla yo. A lo mejor llego a un acuerdo con ella.

CARMEN
Vete a tu casa de una vez y déjame en paz.

Gabriela comienza a quitar algunas fotos de su padre que hay en la estantería.

CARMEN
¿Por qué quitas las fotos de tu padre?

GABRIELA
Porque también son las fotos del suyo.

CARMEN
¿En serio no te importa que entre en esta casa?

GABRIELA
Me importa conseguir lo que queremos.

CARMEN
Será lo que tú quieres.

GABRIELA
No, mamá. Lo que queremos. Si sale bien, tú saldrás beneficiada.

CARMEN
¿Y cuál es esa idea tan brillante que has tenido? Si quieres que te ayude tendré que saberlo.

GABRIELA
Tenemos que conseguir que renuncie a su parte de la herencia.

CARMEN
Estás muy equivocada si piensas que va a renunciar a la mitad de una editorial como la nuestra.

GABRIELA
Si haces las cosas como yo te diga, lo hará.

CARMEN
Vaya. Parece que me necesitas.

GABRIELA
Para conseguir este tipo de cosas, nos necesitamos la una a la otra, mamá.

CARMEN
¿Estás realmente segura de que no sabe nada de nosotras?

GABRIELA
Si no estuviera segura, no habría seguido adelante.

CARMEN
¿Y no has podido quedar un poco más tarde? No me va a dar tiempo a nada.

GABRIELA
El avión en el que viaja llegaba a las dos y media. Está de vacaciones con su marido y su hijo.

CARMEN
Tienes un sobrino.

GABRIELA
Sí, tengo un sobrino de seis años.

CARMEN
¡Qué suerte! Con lo que alegra un niño una casa. Por lo menos ella ha tenido hijos.

Gabriela fulmina a su madre de una mirada.

CARMEN
Lo siento. No quería decir...

GABRIELA
Espero que tengas más cuidado con lo que dices cuando te reúnas con ella. Procura ser muy amable.

CARMEN
¿Ahora me vas a enseñar tú cómo tengo que comportarme?

GABRIELA
Date prisa en arreglarte. No tenemos mucho tiempo. Cuando estés lista te contaré lo que le tienes que proponer.

CARMEN
¿Y se puede saber dónde estarás mientras yo me reúno con tu hermana?

GABRIELA
Me iré a casa a preparar una maleta, salgo esta noche de viaje para cerrar un negocio.

CARMEN
¿Un negocio tú? ¿De qué color tiene los ojos ese negocio?

GABRIELA
Ese no es tu problema.

CARMEN
Me voy a ir arreglando.

GABRIELA
¿Has hablado con el médico?

CARMEN
Sí, me tiene que volver a llamar para confirmar la cita de hoy.

GABRIELA
¿Qué te dice?

CARMEN
Lo de siempre, que no hay solución.

GABRIELA
Da recuerdos.

CARMEN
¡Qué calor hace! Tenemos que poner el aire.

GABRIELA
Sí, tenemos que poner el aire.

CARMEN
Qué pena que tu padre ya no pueda disfrutar de él.

Carmen sale.

Gabriela se sirve un poco de whisky. Recoge las foto enmarcadas de su padre que antes retiró de las estanterías y sale.

Esa misma tarde de verano, una hora después

Mientras se hace la luz, vemos entrar a Carmen seguida de GABI, una mujer de unos treinta y dos años, campechana pero elegante.

Vemos que en la mesa pequeña hay un servicio de té y otro de café.

CARMEN
Pasa, pasa, por favor.

GABI
Gracias.

CARMEN
Y este es el despacho, aquella puerta da a un aseo. Siéntate.

Gabi permanece de pie.

CARMEN
¿Estás mejor?

GABI

Sí, no se preocupe, solo me he mareado un poco cuando he entrado.

CARMEN

A lo mejor te he citado muy temprano. ¿Has comido?

GABI

Sí, he comido algo en el avión.

CARMEN

Entonces no has comido.

GABI

Ha debido de ser una bajada de tensión.

CARMEN

Estás sudando.

GABI

Con el calor que hace...

CARMEN

Lo siento, en esta casa no tenemos aire acondicionado.

GABI

Tranquila, no me gusta nada el aire acondicionado.

CARMEN

¿No?

GABI
No, no lo soporto.

CARMEN
A mi marido tampoco le gustaba. Intenté convencerle pero nunca quiso que lo instaláramos.

GABI
Es que hay sitios que lo ponen a temperaturas tan bajas que parecen neveras. Aquí se está bien.

CARMEN
Espera, voy a abrir aquí.

GABI
¿Quiere que le ayude?

CARMEN
Sí, anda, ayúdame. Y no me hables de usted, por favor. Abre aquella ventana de enfrente a ver si entre las dos corre un poco de aire. (*Asomándose a la ventana*). ¡Qué bochorno! Como siga así me parece que hoy va a haber tormenta.

GABI
Sí, en el taxi he oído que iba a caer una buena.

CARMEN
Yo no sé vivir en verano sin aire. Odio el verano y el calor.

GABI
Vaya, en eso somos bastante diferentes. Yo, cuando llega el verano, soy otra persona. Me gusta el calor, me da alegría y

me trae buenos recuerdos. Esa es una de las razones por las que mi novela se llama así, *Verano*.

CARMEN

La novela sí me gusta, ¿eh? Me parece estupenda. Aunque se llame *Verano*.

¿Se te pasa?

GABI

Sí, gracias, ya estoy bien.

CARMEN

¿Quieres un poco de agua?

GABI

Sí, por favor. Tengo la boca seca.

CARMEN

Claro, claro. Ahora mismo te la traigo. Me tienes que perdonar, tengo que ir yo a la cocina a por ella. Tenemos a la chica de vacaciones.

GABI

Está usted perdonada.

CARMEN

Que no me hables de usted, me hace más vieja.

GABI

Vale, lo intentaré.

CARMEN
Vuelvo enseguida. Siéntate.

GABI
Sí, gracias.

Carmen sale. Gabi pasea por el salón mirando con interés los libros de las estanterías.

Entra Gabriela sin que Gabi se dé cuenta. Se queda observándola en silencio. Cuando Gabi ve a Gabriela se sobresalta.

GABRIELA
Hola.

GABI
Hola.

GABRIELA
Eres Gabriela Montero, ¿no?

GABI
Sí. ¿Y tú eres...?

Entra Carmen con una jarra de agua y una cubitera de hielo en una bandeja.

CARMEN
Ya estoy aquí. (*Descubre a Gabriela*). Gabriela, ¡qué sorpresa! ¿Por dónde has entrado?

GABRIELA
Por la puerta, mamá. ¿Por dónde voy a entrar?

CARMEN
Es que no te he oído. *(A Gabi).* El Agua.

GABI
Gracias.

CARMEN
A Gabriela le gusta observar a los demás sin que ellos lo sepan. Lo hace desde pequeña. Te presento a mi hija Gabriela.

GABRIELA
Nos conocemos de hablar por teléfono. He sido yo quien te ha llamado esta mañana.

GABI
Ah, sí. Encantada, Gabriela. ¡Qué casualidad! No es un nombre muy usual.

CARMEN
¿Te pongo un par de hielos?

GABI
Sí, por favor.

GABRIELA
¿Qué tal el viaje?

GABI
Bien, gracias. Hemos salido con un poco de retraso, pero eso ya parece una cosa normal cuando uno vuela.

GABRIELA
Y tu familia ¿ha venido contigo?

GABI
No, se han quedado allí. Yo regreso esta misma noche. Todavía nos quedan unos días de vacaciones y hay que aprovecharlos.

CARMEN
(*A Gabriela).* Creía que estabas de viaje.

GABRIELA
Lo he anulado.

CARMEN
Ya veo, ya. ¿Y cuándo te vas?

GABRIELA
Depende de cómo vaya todo.

CARMEN
¿De cómo vaya el qué?

GABRIELA
¿Quieres que te lo cuente ahora o...?

CARMEN
Déjalo, ya hablaremos luego. ¿Sabes? Gabriela se ha mareado al entrar.

GABI
Sí, me ha debido de bajar la tensión.

CARMEN
Es verdad, que al final no te he preguntado. ¿Te ha gustado la casa?

GABRIELA
¿Le has enseñado la casa?

CARMEN
Sí, me lo ha pedido ella, es una fanática de la decoración. Bueno, qué, ¿te ha gustado?

GABI
Sí, es muy... original.

GABRIELA
Mamá, ¿qué quieres que diga?

GABI
No, de verdad me gusta.

CARMEN
Un poco antiguo todo, ¿no?

GABRIELA

Lleva con la misma decoración desde que se construyó, pero mis padres nunca han querido cambiar nada.

CARMEN

Fue tu padre quien no quiso cambiar nada. Estaba obsesionado con que todo siguiera igual, sobretodo en su despacho. Pero está claro que necesita una reforma.

GABI

¿Sí? Yo creo que no...

CARMEN

Sí, sí que la necesita.

GABI

No, quiero decir que sí, pero que no...

CARMEN

¿Que no, qué?

GABI

No, que sí...

GABRIELA

¿En qué quedamos? ¿Sí o no?

GABI

No, que sí, que sí, que no es que no lo necesite, pero que..., vamos, que no es cosa mía, la decoración de una casa es algo muy particular. Lo que pasa que a mí me parece que tiene algo especial.

GABRIELA
Sí, si no está mal. Pero después de tantos años así, con las mismas cosas, yo creo que es inevitable una reforma, ¿no?

GABI
Sí, sí. Si es lo que queréis.

CARMEN
Sí, sí. Es lo que queremos. ¿Verdad, Gabriela?

GABRIELA
Sí, mamá. Es lo que queremos.

GABI
A mí lo que me gusta es este olor a libros.

GABRIELA
En el despacho de un editor es lo que suele haber. Libros.

CARMEN
Libros y recuerdos.

GABRIELA
¿Te vas a poner nostálgica?

CARMEN
¿Por qué no?

GABRIELA
Porque puedes aburrir a tu invitada.

GABI

No, por mí no te preocupes, me encantan los recuerdos. Seguro que este despacho está repleto de historias estupendas.

CARMEN

No creas, no todas son tan estupendas.

GABRIELA

En todas las casas hay cosas buenas y malas.

CARMEN

¿A ti te interesan las buenas o las malas?

GABRIELA

No has citado aquí a Gabriela para contarle historias, mamá.

CARMEN

Esta escultura, por ejemplo, es de Eduardo Cuny.

GABRIELA

Al menos eso pone en la firma.

GABI

¿Es el original?

CARMEN

Sí, claro. ¿Quieres saber cómo llegó aquí?

GABRIELA

No creo que le interese.

GABI
Sí, por favor, me interesa mucho.

CARMEN
Hace muchos años, Eduardo Cuny encargó a la editorial el catálogo de una exposición que iba a hacer en Nueva York.

Carmen busca algo en una de las estanterías.

CARMEN
Gabriel, mi marido, que también se llamaba Gabriel como vosotras...

GABI
¿Gabriel? Vaya.

GABRIELA
Ya sabes la manía que tienen los hombres de que sus hijos se llamen como ellos.

GABI
Sí, mi padre también se llama Gabriel.

CARMEN
¿Sí? ¿Ves? Pues lo que te decía, Gabriel se enamoró de esta escultura en cuanto la vio y quiso comprarla. Al mismo tiempo Eduardo Cuny se enamoró del catálogo que diseñamos mi marido y yo.

Carmen le muestra a Gabi un catálogo que ha cogido de la estantería.

CARMEN
Mira, aquí está. Era una belleza.

GABI
Es una belleza.

CARMEN
Eduardo nos hizo una propuesta. La editorial no le cobraría nada por el catálogo y él nos regalaría la escultura cuando acabara la exposición. Y aquí lleva en este despacho treinta y muchos años. Todavía no había nacido Gabriela. ¿Te gusta?

GABI
Mucho. ¿Murió?

CARMEN
¿Mi marido?

GABRIELA
Si no te importa, es mejor que no toquemos ese tema. Mi madre lo pasa muy mal cuando habla de ello.

GABI
No te preocupes, lo entiendo. ¿Me podías dar un poco más de agua, por favor?

CARMEN
Sí, claro. He preparado té y café. ¿Qué te apetece?

GABI
Yo soy de té. En mi casa, desde siempre, todos tomamos té. Si tomo café, luego no puedo dormir.

GABRIELA
El té también es excitante.

GABI
Sí, pero, debe ser que ya estoy acostumbrada.

GABRIELA
O sea, que es una costumbre.

GABI
Los seres humanos somos animales de costumbre.

CARMEN
¿Y tú, Gabriela? ¿Quieres un poco de té o café?

GABRIELA
Café, sabes que nunca tomo té.

CARMEN
Es verdad. Ella siempre dice que odia el té y a los que lo toman.

GABI
Entonces me vas a odiar.

GABRIELA
Pues te odiaré.

CARMEN
Gabriela, no seas así.

GABRIELA
¿Cómo soy, mamá?

CARMEN
¿Azúcar?

GABI
No, gracias.

GABRIELA
¿Sin azúcar?

GABI
¿También odias a la gente que no toma azúcar?

GABRIELA
En el té y en el café, sí.

GABI
Cuánto odio.

CARMEN
No le hagas caso, es una bromista.

GABRIELA
Deberíais hablar de la novela.

CARMEN
Tienes razón, Gabriela, Gabriela y yo hemos quedado aquí para eso. Oh, cuánta Gabriela en una misma habitación.

GABI
Si quieres puedes llamarme Gabi. Mi padre empezó a llamarme así desde pequeña.

CARMEN
¿Gabi?

GABRIELA
¿Gabi?

GABI
Sí, Gabi. Luego todo el mundo me ha llamado siempre así.

CARMEN
Pues si no te importa, sí, lo prefiero. Así no nos hacemos líos con los nombres.

Carmen saca el libreto de la novela de un cajón de la mesa de despacho y se lo entrega a Gabi.

CARMEN
Bien, Gabi. Lo primero, felicitarte por tu espléndido trabajo.

GABI
Muchas gracias. Me encantaría saber cómo ha llegado a vosotros. Muy poca gente sabía que yo había escrito esa novela.

GABRIELA
Seguro que alguien que te quería mucho y que creía en ti se encargó de que nos llegara una copia.

GABI
Algo así ha debido ser.

CARMEN
Seguro.

GABI
Pero ya os digo, llevaba más de un año en el cajón y que yo sepa, solo mi marido y mi padre sabían de su existencia.

CARMEN
¿Solo tu marido y tu padre?

GABI
Sí. Mi marido no ha sido, desde luego, es al primero que le he preguntado y mi padre... bueno a mi padre no se lo he podido preguntar. Hace bastante que no sé nada de él. Hará un año aproximadamente que desapareció.

GABRIELA
¿Desapareció?

GABI
Lo hacía a menudo.

CARMEN
Conozco una historia parecida.

GABRIELA
¿Y desaparecía así, por las buenas?

GABI
Toda la vida hizo lo mismo. Durante el invierno iba y venía, solo se quedaba en casa alguna Navidad y todos los veranos.

CARMEN
¿Los veranos?

GABI
Sí, los veranos los pasaba enteros con nosotros.

GABRIELA
¿Y qué pasaba cuando desaparecía?

GABI
Cuando intuíamos que iba a tardar en volver nos daba mucha pena, pero nadie preguntaba nada. Era así. Había algo misterioso en esa manera de vivir... Ese misterio me fascinaba.

CARMEN
¿A tu madre no le molestaba que su marido se fuera cuando quería?

GABI
Mi madre le adoraba, nunca le exigió nada, no estaban casados. Él lo pasó muy mal cuando ella murió.

CARMEN
¿Tu madre murió?

GABI
Sí, hará un año.

GABRIELA

¿Un año también? O sea, que coincidió con su desaparición.

GABI

Sí, más o menos. Yo me crié así, con las ausencias de mi padre y me parecía lo más normal del mundo. Eso sí, siempre se encargó de que tuviéramos de todo.

CARMEN

¿Nunca has sabido dónde iba?

GABI

No. Ya te he dicho que no preguntábamos nada. Cuando alguien quiere contarte algo, lo hace sin necesidad de preguntar. Si preguntas demasiado te arriesgas a que te mientan.

GABRIELA

¿Por qué no le buscaste?

GABI

¿Para qué? Si estaba vivo y no quería volver era su decisión, decisión que yo tenía que respetar. Era una especie de pacto tácito. Además, si hubiera muerto, se nos acabaría la esperanza de que volviera.

GABRIELA

O sea, que tienes la esperanza de que regrese.

GABI

Eso es algo que me resistía a perder. Pero ahora ya no creo que vaya a volver.

CARMEN
Vaya, lo siento. Estoy segura que algún día sabrás algo de él.

GABRIELA
¡Qué triste!

GABI
Es verdad, es muy triste.

GABRIELA
Yo creo que es un buen motivo para tomarse una copita.

CARMEN
Y yo creo que es un poco temprano para hacerlo. ¿Seguimos con tu novela?

GABRIELA
A ver, adivina, adivinanza. ¿Dónde escondía mi padre el *whisky*?

GABI
¿El *whisky*?

GABRIELA
Sí, vamos. Adivínalo.

CARMEN
Gabriela, por favor, no es el momento de jugar a las adivinanzas.

GABI
No, espera. Me parece una buena propuesta.

GABRIELA
¿Ves, mamá?

CARMEN
(*Entrando en el juego).* Pero, estáis locas las dos.

GABI
A ver, a ver. Adivina, adivinanza. ¿Dónde podría guardar su *whisky* un editor?

GABRIELA
Vamos, venga, vamos. ¿Dónde puede estar el *whisky*?

CARMEN
Oye, sin prisas, dale tiempo.

GABI
Vamos a ver, supongo que estará en este despacho.

GABRIELA
Supones bien.

GABI
En un despacho lleno de estanterías, seguro que está detrás de algún libro.

Gabi comienza a buscar por las estanterías y a tocar los libros.

CARMEN
Caliente, caliente.

GABRIELA
Sssshh. Calla, no le digas nada.

CARMEN
El juego es así, hay que ir dando pistas.

GABRIELA
Está bien, está detrás de algún libro. Pero, ¿de cuál? Aquí hay muchos libros.

GABI
Por la parte de arriba no creo, tiene que estar más a mano.

CARMEN
Muy inteligente.

GABRIELA
(Resopla). Fufftt.

Durante toda la escena Gabi continuará buscando.

GABI
¿Tú los has leído todos, Gabriela?

GABRIELA
¿Todos? No, todos no. Hace muchos años que no me interesa nada la literatura.

CARMEN
En casa de herrero...

GABI
Si los hubieras leído todos sabrías que algunos no se pueden leer.

GABRIELA
Ya sé que hay muchos libros que no se pueden leer. Yo ya no leo ni los buenos.

GABI
No me refiero a que sean mejores o peores, no los has podido leer porque seguro que hay algunos que son falsos y están vacíos.

CARMEN
Caliente, caliente.

GABI
Así que no te gusta leer. Un poco extraño para ser la dueña de una editorial.

CARMEN
Yo soy la dueña, ella ahora está un poco alejada de este negocio, se dedica a otras cosas.

GABRIELA
Sí, hasta ahora lo había dejado un poco de lado, pero las cosas han cambiado mucho. Mi padre ya no está y mi madre es muy mayor para tanta responsabilidad. Dentro de muy poco no tendré otra opción y tendré que llevar yo sola las riendas.

GABI
Vas a tener que leer mucho para ponerte al día.

GABRIELA
Para ese tema cuento con muy buenos profesionales. Yo llevaré la parte financiera. Siempre me han gustado más los números que las letras.

CARMEN
Acabará vendiéndola. Yo creo que es lo mejor.

GABI
¿La venderías?

GABRIELA
¿Tú que harías en mi lugar?

GABI
No tengo ni idea. Es una posibilidad tan lejana para mí ser la dueña de una editorial que... Pero creo que eres muy afortunada.

GABRIELA
Sí, yo también lo creo.

CARMEN
Bueno, no es fácil llevar una editorial.

GABI
(Señalando una de las estanterías). ¿Todos estos los habéis editado vosotros?

CARMEN
Todos. Son los primeros libros que publicamos. De cada primera edición, nos quedábamos siempre con el ejemplar número uno.

GABRIELA
El primer ejemplar de cada título que salía del horno.

CARMEN
Eso es. Uno a uno los fuimos colocando y cuando nos quisimos dar cuenta, ya estaba todo lleno.

GABI
Entonces no creo que aquí pueda estar el *whisky*.

Gabi se dispone a buscar en la vitrina de al lado.

GABRIELA
No, ahí tampoco, esa es la vitrina de los premios. ¿Caliente o frío, mamá?

CARMEN
Caliente, caliente. Pero es Gabi quien está buscando, no tú. Deja que lo encuentre ella.

GABI
¿Y a qué te has dedicado hasta ahora? Si se puede saber.

GABRIELA
Adivínalo.

GABI
Te justa jugar a las adivinanzas.

GABRIELA
Caliente, caliente. Exactamente eso es a lo que me dedico.

GABI
Vaya, ¿eres una jugadora de las adivinanzas?

GABRIELA
Me gusta buscar.

GABI
Adivinadora y buscadora.

GABRIELA
Caliente, caliente. Primero tengo que adivinar dónde está lo que busco.

GABI
¿Y qué buscas?

GABRIELA
Adivínalo.

CARMEN
Eso es muy difícil de adivinar.

GABRIELA
Es que lo que yo busco es lo más difícil de encontrar.

GABI
¿La felicidad?

GABRIELA
Caliente, caliente.

CARMEN
Todos buscamos la felicidad.

GABRIELA
Pero lo mío es vocación. Me he dedicado a ello en cuerpo y alma.

GABI
Creo que la felicidad no se busca, aparece y desaparece. Yo la encuentro en mi familia, en mi trabajo, en los libros.

CARMEN
Si la encuentras es que la buscas.

GABI
Hay muchas cosas que uno encuentra sin tener que buscarlas.

GABRIELA
Yo a veces también encuentro la felicidad dentro de los libros.

GABI
¿No dices que ya no te gusta la literatura?

GABRIELA
Y no me gusta, la encuentro solo dentro de algunos libros.

GABI
¿La has encontrado alguna vez?

GABRIELA
Muchas.

GABI
¿Y qué haces cuando la encuentras?

GABRIELA
Me la bebo.

GABI
Aquí está, estos son los falsos.

GABRIELA
Frío, frío.

CARMEN
No hagas trampa. Vas muy bien, Gabi, te vas a quemar.

Gabi toca con los nudillos las tapas de los libros.

GABI
Está hueco. ¿Cómo se abre esto?

GABRIELA
Adivínalo.

CARMEN
Aprieta las tapas.

GABRIELA
Eso no vale.

GABI
Míralo. Aquí está.

Gabriela se apresura a coger la botella.

GABRIELA
Por fin. La felicidad. Pero no vale, has perdido, te ha ayudado mi madre.

CARMEN
De eso nada, lo ha encontrado ella. Muy bien, Gabi.

GABI
Intuición de escritora.

Mientras habla, Gabriela sirve un vaso de whisky que nos hace pensar que es para Gabi, pero enseguida vemos que no, porque se lo bebe de un trago.

GABRIELA
Enhorabuena, gracias a esa intuición has ganado un trago de felicidad. ¿Quieres tu premio, Gabi?

GABI
La verdad es que para mí también es un poco temprano.

GABRIELA
¿Quizá más tarde?

GABI
Quizá.

GABRIELA
Qué lástima. Yo quería brindar por ti. Por lo bien que lo haces todo.

GABI
De acuerdo. Si quieres brindar por mí, no te dejaré sola. Pero antes necesito ir al servicio. Si no recuerdo mal, antes has dicho que esa puerta da a un aseo, ¿no?

Gabriela coge un vaso vacío para servir a Gabi, pero cuando dice que se va, lo deja en la mesa, sirve otra medida de whisky en su vaso y bebe.

GABRIELA
Sí, pero hace años que no se usa. Puedes usar el que hay en la entrada.

GABI
Déjame adivinar, la última puerta a la derecha.

GABRIELA
¿Cómo lo sabes?

GABI
Porque casi todos los servicios están al fondo a la derecha y porque, antes, tu madre me ha enseñado la casa.

GABRIELA
Pues tu memoria no funciona muy bien porque esa puerta da a la cocina.

GABI
Vaya, con los años la memoria empieza a fallar.

CARMEN
Gabriela, por favor, no la engañes.

GABRIELA
Está bien, no te has equivocado. Esa puerta que dices es la del baño.

GABI
Con vuestro permiso. No tardo nada.

GABRIELA
Tarda lo que quieras.

Gabi sale del despacho. Gabriela cierra la puerta.

GABRIELA
Qué lista es, ¿no?

CARMEN
¿A qué has venido?

GABRIELA
¿Te has dado cuenta lo poco que ha tardado en saber dónde estaba el *whisky*? La primera vez que yo lo busqué tardé horas en encontrarlo. Claro que solo tenía quince años.

Acabé hasta las narices de buscar libros vacíos. Luego le cogí el gusto.

CARMEN
Hace tiempo que para ti los libros siempre están vacíos. ¿Qué estás haciendo aquí?

GABRIELA
¿No pensarías que te iba a dejar sola con ella?

CARMEN
En eso quedamos, ¿no? ¿Se puede saber por qué le has mandado al otro aseo? Este funciona perfectamente.

GABRIELA
Quería hablar contigo.

CARMEN
Ya lo hemos hablado todo.

GABRIELA
¿Cuándo le vas a decir lo del contrato?

CARMEN
Si no te pusieras a jugar a las adivinanzas ya estaría todo hecho. No sé para qué has venido.

GABRIELA
Tenía curiosidad por saber cómo era mi hermana.

CARMEN
Pues ya la has visto. ¿Por qué no te buscas una excusa y te largas?

GABRIELA
No pienso marcharme. ¿Has visto? Con lo mayor que es y cómo le gusta jugar. ¡Qué lástima! Lo bien que lo hubiéramos pasado de pequeñas.

CARMEN
Pobrecita, la que le hubiera caído. *(Con sorna).* Con lo simpática y fácil que has sido siempre... y ya desde que murió tu hijo...

Gabriela vuelve a fulminar a su madre con la mirada, como cada vez que le habla de su hijo.

CARMEN
Al final la vas a cagar.

GABRIELA
Mamá, cuida tu lenguaje.

CARMEN
Vete de una vez.

GABRIELA
Te he dicho que no me voy a ir. Quiero ser testigo de cómo firma y lo pierde todo. Conociéndote, no me fío de lo que me vayas a contar después.

Gabriela se sirve otro vaso de whisky.

CARMEN

Haz lo que quieras. Quédate, pero no bebas demasiado. Ya sabes cómo te pones cuando bebes más de la cuenta.

GABRIELA

Mis amigos dicen que soy muy divertida cuando bebo.

CARMEN

Sí, yo me meo de la risa.

GABRIELA

Cuando quieres sabes ser muy desagradable.

CARMEN

No te comportarías de esta manera si tu padre estuviera aquí...

GABRIELA

Pero no está. Mi padre no está aquí y no volverá a estar nunca más aquí. Por eso deja de dar tantas vueltas y acaba cuanto antes con esto.

CARMEN

Me pediste que fuera amable con ella y te estoy haciendo caso, porque creo que es la mejor manera de conseguir lo que quieres, así que olvídate de los celos e intenta ser amable tú también.

GABRIELA

Soy muy amable. Le doy las gracias, le pido las cosas por favor, le invito a *whisky*, le indico dónde está el baño. Incluso estoy jugando con ella y no hago muchas trampas.

CARMEN

No sé por qué te aguanto. ¡Qué calor hace en este despacho! Maldito verano.

Gabi llama a la puerta y la abre.

GABI

¿Se puede?

CARMEN

Adelante.

GABRIELA

(Demasiado amable). Sí, pasa por favor, no te quedes ahí.

GABI

Gracias.

GABRIELA

De nada, de nada.

CARMEN

Gabriela, ¿por qué no le sirves a Gabi el *whisky* que ha ganado?

GABRIELA

Es verdad. El premio a la más lista de la clase. Si en el internado me hubieran dado estos premios por aprobar, a lo mejor hubiera sacado sobresaliente en todo.

GABI

¿Estudiaste en un internado?

GABRIELA

Sí. Cuando cumplí diez años, mis padres me enviaron a uno. Ellos deseaban tener una niña muy educada y mucho tiempo libre.

CARMEN

Entonces, ¿te gusta la casa?

GABI

Me encanta.

GABRIELA

¿Lo quieres con hielo, Gabi?

GABI

Sí, con dos hielos y un poquito de agua, por favor.

GABRIELA

Mi padre también lo tomaba así. *(Sirviéndole el whisky).* Dos hielos y un poco de agua.

CARMEN

Es cierto. Gabriel siempre lo tomaba así.

GABRIELA

(*Acercándole el vaso*). Yo lo tomo solo, como sale de la botella. El agua para las ranas, sin ánimos de ofender.

CARMEN

Cada uno lo toma como le gusta.

GABRIELA
Claro, claro.

CARMEN
Bueno, no quisiera ser desagradable, pero creo que nos deberíamos centrar en la novela.

GABI
Sí, tienes razón.

CARMEN
Bien, Gabi, has de saber que tenía muchas y buenas opciones en la mesa para decidir cuál sería la siguiente novela que íbamos a publicar.

GABI
Me lo imagino.

CARMEN
Pero en cuanto leí la tuya, *Verano*, no tuve ninguna duda. Son muchas las razones que han hecho que me interese por ella: el tema que trata, la forma de narrar y ese final maravilloso que te pone los pelos de punta.

GABRIELA
Sí, podríamos extendernos en hablar de las razones, porque seguro que la novela y la autora lo merecen. Ya tendréis tiempo para ello, pero mi madre tiene que viajar mañana para solucionar unos asuntos de mucha urgencia, así que, para resumir, te diré que en la editorial hemos tomado la decisión de publicarla.

GABI
Eso ya me lo dijiste cuando me llamaste.

CARMEN
Tranquila, que por muy urgente que sea todo, te daremos un tiempo prudente para que te tomes el *whisky*.

GABRIELA
Para eso siempre hay tiempo.

CARMEN
Es cierto que tenemos bastante urgencia en cerrar este tema contigo. Tú misma sales de viaje esta noche y yo cojo un vuelo mañana a primera hora.

GABI
Si quieres nos podemos ver otro día con más tranquilidad.

CARMEN
No, cuando te cité aquí no quería que interrumpieras tus vacaciones y que dejaras sola a tu familia en la playa solo para tomar un café.

GABI
Pues tú dirás.

CARMEN
Necesitamos saber si tú también estás interesada en que se publique.

GABI
Cuando la escribí, lo hice con esa intención.

GABRIELA
Todos los informes que han enviado los expertos de la editorial coinciden en que tu novela tiene todos los elementos para convertirse en un éxito.

CARMEN
Si llegamos a un acuerdo y todo sale bien, dentro de cinco meses estaría todo listo para lanzarla al mercado.

GABRIELA
Estoy segura que en cuanto esté en las librerías se venderá como churros.

GABI
¿Como churros?

GABRIELA
Es una forma de hablar.

GABI
¿Todo listo en cinco meses?

CARMEN
La editorial quiere que firmes un contrato de exclusividad de tres años. En ese tiempo tendrás que entregar, terminada, como mínimo una novela más.

GABI
¿Sin saber el resultado de la que vais a publicar?

CARMEN

El éxito de esa novela está asegurado. Haremos una campaña de lanzamiento bestial. Tendrás que hacer una larga gira por España y Sudamérica. Incluso me atrevería a decir que tendremos que traducirla a varios idiomas.

GABI

Espera, creo que vas demasiado rápido.

CARMEN

Así es este negocio, a veces los trenes que pasan son de alta velocidad.

GABI

No sé, tengo que pensarlo. Ten en cuenta que eso me obligaría a estar mucho tiempo fuera de casa sin ver a mi familia y tendría que dejar las clases en la universidad.

GABRIELA

¿Tan mayor y vas a clase?

GABI

Soy catedrática de Literatura.

GABRIELA

Te aseguro que con lo que vas a ganar con este contrato, no vas a querer volver a dar clase en tu vida.

GABI

A mí me gusta dar clase. También ahí encuentro yo la felicidad.

CARMEN
Es una oportunidad única, no lo dudes, siempre puedes pedir una excedencia.

GABI
No sé, tengo que hablarlo con mi marido. Es una decisión que nos va a afectar mucho a todos.

CARMEN
No dispongo de tanto tiempo. Mis asesores están preparando el contrato y te lo enviarán en cuanto esté redactado. Aquí tengo la última página, la de las firmas. Es urgente que firmes hoy, para que se puedan empezar todos los trámites si queremos llegar a tiempo a las fechas que tenemos previstas.

Carmen le da un documento a Gabi.

GABI
¿Quieres que firme ahora?

CARMEN
Sí.

GABI
¿Así, sin leerlo siquiera?

CARMEN
Cómo se ve que es tu primera vez, todos los novatos hacen lo mismo. Cualquier escritor que se precie, firmaría este contrato con los ojos cerrados.

GABI
Pero yo cuando firmo un contrato quiero tener los ojos muy abiertos. No pienso firmar nada sin haber leído antes cuál es el compromiso que voy a adquirir.

CARMEN
Ya lo leerás cuando te lo envíen, eso no es más que burocracia.

GABI
Yo creo que antes de firmar un contrato uno debe saber cuáles son las condiciones.

CARMEN
Te repito que es urgente que yo salga mañana a primera hora. Voy a estar mucho tiempo fuera, más del que yo quisiera. Necesito que firmes el documento y dejar este asunto zanjado antes de irme.

GABI
¿A dónde?

CARMEN
Aquí, donde pone tu nombre.

GABI
No, que a dónde tienes que viajar.

CARMEN
Ah, es un viaje de negocios.

GABI
¿A qué lugar?

CARMEN
Pues... fuera.

GABI
¿Fuera de España, fuera de Madrid?

CARMEN
Pues...

GABRIELA
Fuera de España. Pero no creo que eso importe mucho ahora.

GABI
Mujer, importa porque se tiene que ir.

GABRIELA
Me refiero al lugar. ¿Qué importa el lugar al que vaya?

GABI
Ah, no, el lugar no importa, no.

GABRIELA
¿Entonces?

GABI
No, era curiosidad.

GABRIELA

Te advierto que para ser la primera vez que publicas una novela la oferta es muy generosa, está llena de ceros y te aseguro que lo que firmes se va a cumplir a rajatabla. Puedes confiar en nosotras.

GABI

No es una cuestión de confianza. Me parece una buena proposición y no te digo que no me interese. Solo que no puedo tomar esa decisión ahora mismo. Primero tengo que leer el contrato y también quiero comentarlo con mi familia.

GABRIELA

Puedes comentarlo conmigo. Ahora voy a tener que pasar mucho tiempo por la editorial y si llegas a publicar con nosotros nos veremos tanto, que acabaremos siendo como hermanas.

GABI

¿Como hermanas?

CARMEN

Gabriela, ¿por qué no dejas de beber? Te has bebido casi media botella.

GABRIELA

¿Ya? Bueno, Gabi también ha bebido.

CARMEN

Estas cosas no se piensan, Gabi. Te estoy ofreciendo lo mejor que tengo. Me gusta mucho *Verano*, tu novela. Es lo mejor que he leído desde hace años y quiero cuidarla como se merece. Lamento no tener el tiempo que crees que necesitas para que podamos hacer las cosas de otra manera. Pero quiero que sepas que la oferta que te hago no nace del ansia de ganar dinero, afortunadamente no lo necesito, sino que sale del corazón. A mi edad las cosas no pueden ser de otra manera.

GABRIELA

Yo, últimamente, no leo mucho, pero debe ser muy buena tu novela. Hace tiempo que no veo a mi madre tan entusiasmada con un proyecto.

GABI

No sé, la propuesta es muy buena y la editorial me gusta mucho. Esto es más de lo que yo podía desear. Si alguien me hubiera preguntado con qué editorial me gustaría publicar mi novela, podéis estar seguras que hubiera dicho que la vuestra, sin ningún tipo de dudas. Y ahora que os he conocido, tengo más razones para seguir pensando así.

CARMEN

Debes valorar que ni siquiera te hemos citado en la editorial. Hemos querido compartir contigo nuestra casa desde la primera cita, porque queremos ser entrañables para ti.

GABRIELA

Yo he compartido mi *whisky*.

GABI

No sé. (*Duda*). ¿Te queda algo de *whisky*?

GABRIELA
Algo queda.

GABI
No sé si voy a cometer una locura, pero creo que ya he tomado una decisión. Ponme un poco de *whisky* sin hielo, como tú lo tomas.

CARMEN
¿Vas a firmar?

Gabriela le sirve un poco de whisky a Gabi y esta se lo bebe de un trago.

GABI
Sí, está claro. No puedo dejar pasar esta oportunidad.

Gabriela reparte whisky entre su vaso y el de Gabi para brindar.

GABRIELA
Brindemos por *Verano*, la mejor entre todas las novelas.

GABI
Por *Verano*, mi primera novela.

GABRIELA
Te juro que esta sí que la voy a leer.

GABI
¿No brindas con nosotras?

CARMEN
No, yo no bebo.

GABI
Si estamos de celebración, mujer. Tenemos que brindar por este acuerdo y por habernos conocido.

CARMEN
Son buenos motivos para brindar.

GABI
Venga, anímate, mujer. Gabriela, ponle un poquito a tu madre.

GABRIELA
No creo que quiera. ¿Te pongo un vasito?

CARMEN
No. Sabes que no debo beber.

GABRIELA
Ni yo, pero mira, bebo.

GABI
Vamos, Carmen, brinda con nosotras.

Gabriela saca otro vaso del armario, le sirve un poco a Carmen y se lo ofrece.

GABRIELA
Toma, anda. Por un poquito no te va a pasar nada.

CARMEN
Pero solo un poco para brindar.

GABRIELA
¿Solo para brindar?

CARMEN
Por tu novela.

GABI
Gracias.

CARMEN
Y por nuestros futuros éxitos.

GABI
Por vosotras, por vuestra hospitalidad.

CARMEN
Has tomado una buena decisión, Gabi, no te vas a arrepentir.

GABI
No, creo que no me voy a arrepentir.

GABRIELA
Pues vamos a firmar, ¿no?

GABI
Espera un momento, ahora me toca a mí poner una condición.

CARMEN
La que quieras.

GABI
Ya que habéis sido tan amables de compartir vuestra preciosa casa conmigo, lo que más ilusión me haría es que vinierais vosotras también a mi casa hoy. Esa es mi condición, que vengáis las dos juntas a mi casa. Allí firmaré.

CARMEN
¿Hoy? No sé, lo veo un poco precipitado.

GABI
¿Precipitado? Después de haber tenido que decidir como lo he hecho, no me puedes decir que lo que te propongo es precipitado.

CARMEN
Vale, tienes razón, pero es que tengo que preparar muchas cosas para el viaje de mañana.

GABI
Me has dicho que pusiera la condición que quisiera, tampoco os pido tanto.

GABRIELA
Es que mi madre se agobia mucho cuando va de viaje y necesita tenerlo todo preparado, por lo menos, dos días antes.

GABI
¿Ves? Seguro que lo tienes casi todo listo. Mi madre era igual. Si salía por la tarde, teníamos que llevarle a la estación

o al aeropuerto por la mañana. Y preparaba todo con una semana de antelación.

CARMEN

Además, tú sales de viaje esta misma noche, no deberías de entretenerte. Te arriesgas a perder el avión.

GABI

Yo no tengo ni maleta que preparar, voy así, tal y como he venido. Vamos, Carmen, no nos llevará mucho. Estoy segura que ha habido ocasiones en las que has tenido que preparar maletas en menos tiempo para viajes mucho más largos.

CARMEN

Pero ya estoy mayor y no tengo la agilidad que tenía antes.

GABI

¿Mayor? Estás estupenda. ¿Qué edad tienes? ¿Cincuenta y siete?

CARMEN

(*Ríe*). ¿Cincuenta y siete?

GABI

Y no tienes pinta de que te duela nada, ni de tener ninguna enfermedad.

CARMEN

Nunca sabe uno cuándo se va a morir.

GABI

No digas eso, mujer, tú tienes que dar mucha lata todavía.

CARMEN
No creas, la procesión va por dentro.

GABI
Ya me gustaría tener a mi madre a mi lado en estos momentos. Sería tan feliz sabiendo que me van a publicar una novela y que lo van a hacer de la mejor de las maneras. Y a mi padre, qué orgulloso estaría de mí. Tengo la sensación de que son ellos, desde donde estén, los que están haciendo que esto sea así de maravilloso. ¿Tú qué crees, Gabriela?

GABRIELA
Bueno, yo es que no creo mucho en esas cosas, pero si a ti te viene bien...

GABI
Vamos, no se hable más. Os espero a las dos en esta dirección dentro de dos horas.

Gabi saca una tarjeta y se la da a Gabriela.

CARMEN
¿Dos horas?

GABI
En dos horas tienes tiempo para hacer la maleta, arreglarte y cocinar un pastel.

GABRIELA
¿Un pastel? Mi madre no ha hecho eso en su vida.

GABI
Pero yo sí, así que me voy corriendo a prepararlo, porque cuando vengáis será la hora de merendar.

GABRIELA
Espera. (*Señalando la tarjeta)*. Esta calle, ¿por dónde cae?

GABI
Adivínalo.

Suena el móvil de Carmen.

CARMEN
¿Sí? Un momento por favor. Me vais a tener que perdonar, pero tengo que atender esta llamada.

GABI
Está usted perdonada.

CARMEN
Oye. Hemos quedado en no hablarnos de usted.

GABI
Por supuesto.

Carmen sale.

GABI
Si no sabes dónde está la calle puedo hacerte un mapa.

GABRIELA
Déjalo, vamos a coger un taxi de todas maneras. Hace años que no conduzco.

GABI
Eso que ganan las carreteras. Yo también voy a coger un taxi. ¿Por esta zona pasan cerca?

GABRIELA
Pasan a menudo, no creo que tengas problemas.

GABI
Estupendo. ¡No sabes lo contenta que estoy!

GABRIELA
Ya se te ve.

GABI
Se me nota mucho, ¿no? Me parezco a mi hijo cuando está preparando la fiesta de su cumpleaños, se excita tanto que la noche antes no puede dormir.

GABRIELA
Me dijiste que tenía seis años, ¿no?

GABI
Sí, seis años ya. Pero si hace nada que le estaba dando el pecho, con ese pelo de punta que parecía un kiwi y ahora está hecho un *tiarrón*.

GABRIELA
¿Cómo se llama?

GABI
Gabriel. Como su madre y como su abuelo.

GABRIELA
¡Qué original! ¿Se parece a ti?

GABI
Es igual que yo. Mira.

Gabi saca una foto del bolso y se la enseña a Gabriela.

GABRIELA
Es muy guapo.

GABI
Sí.

GABRIELA
¿No habéis querido tener más hijos?

GABI
Sí, nos hubiera encantado, pero tuve problemas después del parto. Me operaron y ya no puedo tener más. ¿Y tú no tienes hijos?

GABRIELA
No, yo no... Bueno sí, pero... Vaya, me casé y esas cosas, tuvimos un hijo, pero nació con muchos problemas y... solo aguantó dos días en este mundo. Ahora tendría nueve años. ¡Nueve años! ¡Cómo pasa el tiempo! Casi no me he enterado de nada.

GABI
Vaya, lo siento.

GABRIELA
No, pero yo estoy de puta madre. Oye, esa novela que has escrito. ¿De qué va?

GABI
Si quieres leerla, ahí tienes una copia.

GABRIELA
No, no. Ya la leeré cuando se publique. Solo quiero saber de qué trata. Así, por encima.

GABI
¿Por encima?

GABRIELA
Sí, como una sinopsis.

GABI
Pues es la historia de un hombre que siempre va a lo suyo, no piensa en los demás. Al principio es feliz, porque posee muchas cosas. Pero cada vez ambiciona más y más. Según pasa el tiempo ya ni siquiera le importan los métodos que utiliza para conseguir aquello que quiere. Entonces la ambición se come a la felicidad. Pero un verano, cuando está de vacaciones, conoce a una familia que le cambia para siempre. Lo pasa tan bien que empieza a olvidarse de sí mismo y empieza a disfrutar de la vida, con las cosas más sencillas, las más pequeñas, las que terminan siendo las más importantes. Y el final ya lo leerás tú cuando se publique.

GABRIELA
Muy bonito, pero, no sé... Esas cosas solo pasan en la ficción.

GABI
La realidad siempre supera a la ficción.

GABRIELA
Yo no creo mucho en eso, pero si a ti te viene bien...

GABI
Bueno, me voy. Nos vemos en mi casa.

GABRIELA
Allí nos vemos. Un momento. ¿Tienes *whisky* en tu casa?

GABI
Adivínalo.

GABRIELA
Sí, seguro que sí.

GABI
Caliente, caliente.

GABRIELA
¿Ves? Soy una profesional.

GABI
Cuando llegues, si adivinas dónde lo guardo, todo para ti.

GABRIELA
Hecho.

Entra Carmen.

CARMEN
Disculpadme, pero no tenía más remedio que atenderla.

GABI
No te preocupes. ¿Sabes? Tenías razón, hace calor aquí.

GABRIELA
En verano, ya se sabe.

GABI
Bueno, pues yo ya me voy.

CARMEN
Te acompaño.

GABI
Hasta ahora, Gabriela.

Carmen y Gabi salen.

GABRIELA
(*Para sí*). Hasta Ahora.

Va hacia el armario del whisky y saca una botella nueva. La abre y se sirve otro vaso. Entra Carmen.

GABRIELA
¿Quién te ha llamado?

CARMEN
El médico. Con el cambio de planes, no podré ir a verle hoy. ¿Qué te ha dicho?

GABRIELA
Que estaba muy contenta. ¡Qué ingenua! Firmar un papel en blanco...

CARMEN
Desde luego la idea, además de simple, es nefasta. No tengo ninguna fe en ella.

GABRIELA
Algunos, con tal de publicar su novela, firman lo que sea.

CARMEN
Todavía no ha firmado.

GABRIELA
Firmará. ¿No has visto cómo comía de tu mano?

CARMEN
¿Por qué nos ha invitado a su casa? No sé, hay algo que no me gusta.

GABRIELA
Vamos, mamá. No seas tan negativa. Estoy harta de ver a esta gentuza. Escriben cuatro palabras juntas y se creen que han descubierto la literatura. Como si dependiera de ellos que el negocio de los libros continúe. Reconozco a este tipo de gente a la legua. En cuanto les hablas de cosas bonitas y les tocas el corazón, se abren como una esponja que se va

llenando de agua, y cuando están inflados del todo, como un balón, entonces es cuando hay que darles la patada y meterles el gol que tú quieras. Son todos iguales.

CARMEN
Vaya herencia que le ha dejado a su hija, un puñado de sentimientos con los que ser solo una buena persona. Esos no llegan jamás a ningún sitio. Bueno, le ha dejado eso y media editorial.

GABRIELA
Ya nos encargaremos tú y yo de que se quede solo con los sentimientos.

CARMEN
Que sepas que voy a ayudarte porque esa editorial es mía y debía haber sido para mí. No pienso dejar que se quede con ella una necia.

GABRIELA
Cómo te gusta poseer las cosas.

CARMEN
Estoy orgullosa de poseer las cosas que son mías.

GABRIELA
Sí, es lo único que has poseído, las cosas.

CARMEN
¿Ya has abierto otra botella?

GABRIELA
Sí. Quiero brindar por el pez que acaba de picar.

CARMEN
Deberías parar. Tienes que estar serena.

GABRIELA
Un poco más no me va a hacer nada. Por nuestra victoria.

CARMEN
¿Dónde está tu voluntad? Todavía no has conseguido tu objetivo. Luego, cuando volvamos con el documento firmado, brindas por todo lo que quieras.

GABRIELA
Está bien, aguafiestas, lo dejaré para luego.

CARMEN
¿Has pedido un taxi?

GABRIELA
Ahora lo pido. Todavía hay tiempo.

Carmen va a salir, pero al llegar a la puerta se detiene para decir:

CARMEN
Y date una ducha.

Oscuro.

La misma tarde de verano, dos horas después

Despacho de la casa de Gabi.

El decorado que vemos es igual al despacho anterior. Lo que en el despacho de la casa de Carmen y Gabriela era original, aquí es una copia exacta.

Lo único que cambia es la vitrina de los premios. En este decorado es otra estantería.

Entra Gabi. Le siguen Carmen y Gabriela.

GABI
Pasad, pasad, no os quedéis ahí.

GABRIELA
¿Estás bien, mamá?

GABI
Vaya día llevamos. Primero me mareo yo, ahora tú. Debe ser este bochorno que hace, tenemos la tormenta encima, en verano ya se sabe. Siento no tener aire acondicionado yo tampoco.

GABRIELA
(A Carmen). Siéntate.

CARMEN
¿Se puede saber qué es esto?

GABI
Habíamos quedado en que veníais a mi casa, ¿no? Pues bien, esta es mi casa. Mi padre se la regaló a mi madre cuando yo iba a nacer.

CARMEN
No entiendo nada.

GABRIELA
(A Carmen). ¿Quieres agua?

CARMEN
Sí, dame un poco de agua, por favor.

GABI
A mí también se me ha secado antes la boca.

GABRIELA
¿Puedes darle agua a mi madre, por favor?

GABI
Sí, tranquila, he traído una jarra. He pensado que alguien podía querer un poco.

Gabi sirve un vaso de agua y se lo da a Carmen.

GABI

¿Tú quieres un poco de *whisky*? Por cierto, ¿a que no adivinas dónde guardaba el *whisky* mi padre? Aquí.

Gabi aprieta las tapas de los libros y abre el armario del mueble bar. Saca una botella de whisky. Durante la conversación y cuando convenga se irán sirviendo más whisky.

GABI

¿No vais a decir nada de mi casa? ¿Os gusta así o pensáis que necesita una reforma?

CARMEN

Entonces, ya sabes quiénes somos.

GABI

Tengo una ligera idea.

GABRIELA

¿Desde cuándo sabes que existimos?

GABI

Y vosotras, ¿desde cuándo sabéis que existo yo?

GABRIELA

Ya te lo hemos dicho.

GABI

Me habéis mentido tanto, que no recuerdo ahora exactamente ese dato.

CARMEN
¿Por qué hizo esto?

GABI
Si te refieres a esta casa, en algún sitio teníamos que vivir.

CARMEN
Pero podría haber hecho algo diferente. ¿Por qué tuvo que copiar lo que ya tenía?

GABI
Es posible que en tu casa no tuviera todo lo que él quería.

CARMEN
Nadie tiene todo lo que quiere.

GABRIELA
¿Qué más sabes de nosotras?

GABI
Adivínalo.

GABRIELA
Creo que menos de lo que te gustaría.

GABI
Pero seguro que más de lo que te gustaría a ti.

CARMEN
Vamos a casa.

GABRIELA
Espera un poco. Todavía tenemos algo que hacer.

CARMEN
Quédate tú si quieres. Yo me voy.

GABRIELA
Siéntate. Aún no hemos firmado el contrato.

GABI
¿Crees que voy a firmar ese papel en blanco?

GABRIELA
Es un contrato excelente.

GABI
Qué suerte tengo.

GABRIELA
Nadie te ofrecería estas condiciones.

GABI
Porque nadie conoce mi trabajo.

GABRIELA
¿Qué trabajo? Tú no eres nadie para esta industria porque no has hecho nada que tenga que ver con ella. ¿Se puede saber cuáles son tus novelas reconocidas para que te tengan que conocer en las editoriales? Por supuesto que has tenido mucha suerte de caer en la nuestra.

GABI
Cuando dices la nuestra, ¿me estás incluyendo a mí?

GABRIELA
¿Qué insinúas?

GABI
Soy la hija del dueño. Digo yo que algo me tocará.

GABRIELA
Es verdad que las dos tenemos el mismo padre, pero oficialmente solo yo soy su hija. Tú no tienes derecho a nada, no figuras en ningún sitio como hija suya.

GABI
¿Cómo puedes estar tan segura?

GABRIELA
Porque he investigado lo suficiente para estarlo.

GABI
¿Y si no figuro en ningún sitio, cómo habéis dado conmigo?

GABRIELA
Nosotros no sabíamos nada de ti. Pero un día, mirando entre sus papeles, ordenando sus cosas, apareció el original de tu novela y un sobre con todos tus datos, donde dejaba claro su intención de publicarla.

GABI
¿Mi padre quería publicarla?

GABRIELA
Sí, pero no con nuestra editorial. En esa carta le pedía a un colega suyo que le hiciera el favor de sacar adelante tu proyecto. Le contaba que eras su hija y que por favor mantuviera el secreto. Al principio nos quedamos muy sorprendidas con la noticia, pero enseguida iniciamos todos los trámites para que el deseo de mi padre se hiciera realidad.

GABI
Enternecedor. Te está quedando precioso.

GABRIELA
¿Ocurrió así o no, mamá?

Carmen se queda mirando fijamente a su hija, como si le retara.

CARMEN
Ponme una copa, por favor.

GABRIELA
No creo que sea una buena idea.

CARMEN
Pues a mí me parece una idea estupenda.

GABRIELA
Sabes que no te sienta bien.

CARMEN
Hay cosas que sientan peor.

Gabriela empieza a llenar un vaso de mala gana y se lo da a su madre.

GABRIELA
Está bien. Pero explícale por qué le conviene firmar cuanto antes.

Carmen bebe el contenido del vaso de un trago.

CARMEN
¿Fue en esta casa donde encontró la felicidad esa de la que habláis?

GABRIELA
Mamá, por favor, déjalo ya.

Carmen se levanta y se sirve ella misma un poco de whisky.

CARMEN
(A Gabriela). ¿Es que a ti te da igual todo?

GABRIELA
Tranquilízate.

GABI
Déjala que se desahogue.

CARMEN
En esta casa tu padre tenía otra familia.

GABRIELA
Bueno, ya. ¿Y qué?

CARMEN
¿Cómo que «y qué»? Es posible que a ti no te importe, pero a mí sí me importa.

GABRIELA
Tampoco vas a solucionar nada poniéndote así.

CARMEN
Se trata de mi vida. ¿No lo entiendes? Esta casa es la prueba de que mi vida ha sido una mentira.

GABRIELA
Un poco tarde para echarte las manos a la cabeza y hacer una tragedia.

CARMEN
Por eso es una tragedia. Porque ya es muy tarde.

GABRIELA
¿Y dónde pensabas que iba tu marido cuando desaparecía tanto tiempo? ¿A un monasterio a rezar? Era evidente que tenía sus aventuras.

CARMEN
¡Ojalá hubiera tenido mil aventuras! *(A Gabi).* Así que era aquí donde venía cuando no estaba en mi casa.

GABI
Depende de cómo lo mires. Para mí, era a tu casa donde iba cuando no estaba en mi casa.

CARMEN
¿Y fue feliz aquí? ¿Era cariñoso con vosotras?

GABI
¿De verdad quieres saberlo?

GABRIELA
No quiere saber nada.

CARMEN
Sí, quiero. Quiero saber si fue capaz de tener los sentimientos que con nosotras no tuvo jamás.

GABRIELA
No creo que este sea el sitio adecuado para hablar de eso.

CARMEN
Te equivocas. Precisamente este es el sitio donde hay que hablar de eso.

Carmen comienza a servirse otro vaso de whisky.

GABRIELA
No deberías beber más.

CARMEN
¿Por qué?

GABRIELA
Porque se te calienta la lengua y luego dices cosas de las que acabas arrepintiéndote.

CARMEN
¿No dices tú todo lo que te da la gana?

GABRIELA
Aquí hemos venido a...

CARMEN
(Cortándole). ¿A qué hemos venido?

GABRIELA
Sabes que si vas por ese camino lo puedes perder todo.

CARMEN
Yo ya lo he perdido todo, hija. *(A Gabi)*. ¿Tu madre también bebía?

GABRIELA
Vamos a casa.

CARMEN
(A Gabi). ¿Sabes? Yo fui quien le ayudó a poner en pie esa editorial, diseñando las portadas, seleccionando los títulos que se debían publicar. Trabajé en todos los departamentos, jamás se tomaba una decisión sin consultarme.

GABRIELA
¿A quién le importa eso ahora?

CARMEN
Cuando me quedé embarazada de Gabriela, vuestro padre me obligó a quedarme en casa para que la cuidara.

GABRIELA

Todas las madres de esa época se quedaban en casa cuidando a sus hijos.

CARMEN

Yo estaba enamorada del él. Quería estar a su lado en casa, trabajando en la editorial. Nunca entendí por qué, pero dejó de ser la persona que yo conocí. Nunca se caracterizó por ser cariñoso, pero de repente se convirtió en un tirano y me apartó de lo que más deseaba. Luego, poco a poco empezó a desaparecer, sobretodo en verano, con la excusa de que tenía que viajar por negocios.

GABI

Pues ya sabes dónde iba. A una casa igual que la tuya.

CARMEN

No, igual no. Existe el original y la copia. ¿Acaso esta escultura es la original? Aunque parecen la misma, no lo son. Como comprenderás, no es igual esta escultura que la que hay en mi casa, hay una gran diferencia.

Carmen coge libros de la estantería y los va tirando al suelo.

CARMEN

Los libros de esta estantería, los muebles, todo es diferente aunque aparentemente sean iguales.

A Gabi no parece importarle demasiado lo que acaba de hacer Carmen.

GABI
¿Estás segura de que esta no es la original?

CARMEN
¿Qué quieres decir?

GABRIELA
No le hagas caso, mamá. Está jugando.

GABI
¿Y tú? ¿Serías capaz de adivinar si esta escultura es una copia?

GABRIELA
Salta a la vista.

GABI
¿Seguro?

GABRIELA
Seguro.

GABI
Frío, frío.

CARMEN
No te voy a tolerar que juegues con nosotras.

GABI
No te enfades conmigo. No tengo la culpa de ser la hija de tu marido. Además, yo estaba tan tranquila en la playa, con mi familia. Sois vosotras las que me habéis hecho venir para jugar a los contratos y a las mentiras.

GABRIELA
El contrato que te hemos ofrecido no es mentira.

GABI
¿Crees que soy idiota? Es la primera vez que te veo y sin embargo, parece que te conozco de toda la vida. Eres igual que tu padre.

GABRIELA
Yo no soy como mi padre.

GABI
Eres igualita. Me lo recuerdas tanto... Su manera de mentir, de embaucar, de manipular. Si no os pregunto qué fue lo que le ocurrió, es porque estoy segura de que me contestaríais con otra mentira.

CARMEN
¿Por qué tendríamos que decirte la verdad?

GABI
Porque soy su hija.

CARMEN
¿Dónde ha estado su hija durante este año que, según tú, ha estado desaparecido?

GABI
He estado donde tenía que estar.

CARMEN
¿Esperabas un milagro que le hiciera volver?

GABRIELA

Estaría dando clase de literatura, llena de felicidad.

CARMEN

Si tan claro tenías que no iba a regresar, ¿por qué no le buscaste?

GABI

Tendría que explicarte muchas cosas para que lo entendieras.

CARMEN

Podías haber pensado que, a su edad, lo más lógico es que si no volvía era porque le había ocurrido algo.

GABRIELA

Con lo lista que eres, seguro que sabes que existen los hospitales, las casas de socorro, la policía...

CARMEN

Llega un momento en que hay que deshacer el misterio fascinante del personaje que ha sido papá y preguntar, buscar, encontrar.

GABI

¿Preguntaste tú, cuando se iba de tu casa, a dónde iba? ¿Buscaste tú acaso alguna vez la razón de por qué desaparecía cuando le daba la gana? ¿O es que hace cuarenta años no existían también los hospitales, las casas de socorro y la policía? Tal vez tenías miedo de encontrar. De encontrarnos. No nos engañemos. Hemos vivido cosas muy similares como para que nos tengamos que poner a buscar culpables entre nosotras. Creo que esta conversación se ha terminado.

GABRIELA

Tú sí que nos has engañado. Si no ibas a firmar, ¿para qué nos has hecho venir?

GABI

Quería ver la cara que poníais al ver mi casa. Cuando he entrado hoy en la vuestra, me he quedado de piedra. Ha sido toda una revelación. Por eso os he invitado a venir. He aguantado como he podido para ver hasta dónde llegabais, pero ya veo que no tenéis límite. Será mejor que os marchéis.

GABRIELA

Tranquila, que ya nos vamos. No hace falta que nos eches.

GABI

Os estoy invitando a que os vayáis de mi casa. Exactamente lo mismo que hice con mi padre el último día que le vi.

CARMEN

¿Le echaste de su casa?

GABI

Le eché de mi casa. Hace un año. El mismo día que enterramos a mi madre.

CARMEN

¿Y se puede saber qué hizo para que le echaras?

GABI

Eso es cosa mía, no creo que te importe. Lo que sí te diré es que no me arrepiento de haberlo hecho. Y si no estuviera muerto y regresara, le volvería a echar de la misma manera.

CARMEN
¿Por qué piensas que está muerto?

GABI
Habláis de él como si lo estuviera.

GABRIELA
¿Y si no lo estuviera?

GABI
¿Está muerto o no?

GABRIELA
Adivínalo.

GABI
¿Cómo eres así?

GABRIELA
Otra igual. ¿Cómo soy?

GABI
Eres muy cruel. Tanto o más que mi padre.

GABRIELA
Tú no sabes nada de mi vida.

GABI
Tu vida es fácil de adivinar. Mi papá y mi mamá me miman y yo a vivir a todo trapo. A conocer el mundo y sus bares.

GABRIELA
Frío, frío.

GABI
Jugando a las adivinanzas como profesión, incapaz de comprender nada. Es evidente que careces de sensibilidad, seguramente el alcohol te ha dejado sin ella.

CARMEN
¿Y tú no eres cruel? Acabas de decir que le echaste de casa y que no quieres saber nada de él.

GABI
He dicho que le volvería a echar, no que no quiera saber qué ha sido de él.

GABRIELA
Si te digo dónde está, ¿firmarás?

GABI
¿Está muerto o no?

GABRIELA
¿Firmarás o no?

GABI
No pienso firmar nada.

GABRIELA
Pues no te diremos nada.

GABI

He vivido toda mi vida sin necesidad de tus contratos. Pero pienso averiguar qué hay detrás de todo esto.

CARMEN

¿Y por qué no lo has hecho antes? ¿Realmente crees que te has preocupado lo suficiente de tu padre?

GABI

Me he preocupado lo necesario.

CARMEN

¿Lo necesario?

GABI

Tampoco se merecía mucho más.

CARMEN

O sea que, al final, tampoco fue feliz aquí.

GABRIELA

¡Qué manía con la felicidad! Mi padre no fue feliz en ningún sitio.

CARMEN

Entonces, si tampoco encontró una vida mejor, ¿para qué montó todo esto?

GABI

No solamente no fue feliz aquí, sino que además hizo todo lo posible para que no lo fuéramos los demás. Y si hubiera construido cien casas iguales, habría llenado las cien con la misma infelicidad y la misma amargura.

GABRIELA
Tal vez esa era su manera de disfrutar, haciendo infelices a los demás.

GABI
Y por lo que se ve tú lo has heredado.

GABRIELA
¿Y tú a quién sales?

GABI
Afortunadamente tengo muchas cosas de mi madre.

GABRIELA
¿Y quién era tu madre? ¿Santa Teresa de Jesús?

GABI
No, mi madre no era ninguna santa, pero sí fue una buena mujer, que tuvo que aguantar cosas que ni te imaginas.

GABRIELA
No tengo que imaginar nada. Sé las cosas que hemos tenido que aguantar nosotras y te aseguro que tampoco fueron muy agradables.

CARMEN
Os veo discutir y realmente parecéis hermanas.

GABRIELA
Con ese padre, alguna cosa teníamos que tener en común.

GABI
En eso tienes razón. Si hay algo que aprendí de mi padre, fue a discutir.

CARMEN
¿No decías que en tu casa le adorabais?

GABI
Digamos que no le deseábamos nada malo. Pero tampoco nada bueno.

CARMEN
¿Tan mal se portó con vosotras?

GABI
Tenía algunas cosas buenas. Por ejemplo, cuando se enteró que mi madre tenía cáncer, desapareció durante dos años, que fue lo que ella duró viva. Ni siquiera llamó por teléfono para ver cómo estaba. Pero tuvo el detalle de venir al entierro.

GABRIELA
¿Y los veranos tan estupendos que pasabais?

GABI
Lo mejor del verano era cuando se iba. ¿No le echabais de menos?

GABRIELA
Oyéndote, no sé quién tuvo mejor suerte. A mí, los veranos me dejaban al cuidado de unos abuelos tan secos como la tierra en la que vivían. Todos esos meses de verano, largos y aburridos, que yo pasaba sola, muerta de calor, en un pueblo sin un río, sin una playa, sin juegos, sin niños.

CARMEN
Si lo que estáis haciendo es una competición para ver quién ha sufrido más por culpa de vuestro padre, seguro que me llevo el primer premio. No olvidéis que yo tuve que aguantarle mucho antes de que vosotras dos nacierais.

GABRIELA
Deberíamos brindar por papá. Por ese gran hombre que marcó nuestras vidas.

Gabriela le acerca la copa para que Gabi se la llene.

GABI
Yo brindo porque esté donde esté, se quede y no vuelva. (*A Carmen*). ¿Tú quieres hacer un brindis por papá?

CARMEN
Más por el brindis que por papá.

Gabi sirve whisky en el vaso de Carmen.

GABRIELA
Hoy estás brindando demasiado.

CARMEN
Brindemos por los días que se brinda demasiado. (*Bebe*).

GABRIELA
Ya sabes cómo se acaba cuando se brinda tanto.

Carmen vuelve a poner el vaso y Gabi le vuelve a servir.

CARMEN
Días como hoy no se ven todos los días.

Carmen alza la copa, todas brindan y beben.

CARMEN
Por Gabriel Ruiz Prado...

GABRIELA
...Que cuando muera, no sé si irá al cielo pero, nosotras nos vamos a quedar en la gloria.

GABI
O sea que no está muerto.

CARMEN
Luego dices que soy yo quien se va de la lengua.

GABI
¿Está muerto o no?

CARMEN
No, no está muerto.

GABRIELA
Vámonos de aquí.

CARMEN
Espera que me acabe esto.

GABI
¿Dónde está?

GABRIELA
No pensamos decírtelo.

CARMEN
(A Gabi). Bueno, quizá yo podría contarte algo. ¿Me sirves otra copa?

GABRIELA
Tú no vas a contar nada.

CARMEN
¿Por qué no?

GABRIELA
Hemos llegado a un acuerdo.

CARMEN
Ya no sé si me interesa.

GABRIELA
Sabes que me necesitas.

CARMEN
Tal vez, si le cuento a Gabi a qué hemos venido, obtenga un acuerdo más ventajoso para mí.

GABRIELA
No serás capaz.

CARMEN
Sabes que sí. No sé cuándo voy a morir, pero no quiero depender de ti lo que me queda de vida.

Gabi le da a Carmen un vaso de whisky que ha estado preparando.

GABI
Yo soy toda oídos.

GABRIELA
No le des más *whisky*. ¿No ves que ya está borracha?

CARMEN
Yo no estoy borracha. Es cierto que he bebido un poco, pero no estoy borracha. Todavía. Yo te contaré todo, pero antes tengo que asegurarme de que no me vas a dejar tirada.

GABRIELA
No hagas caso a mi madre. Siempre que bebe le da por contar tonterías que son imposibles de creer.

GABI
Déjale que me las cuente. Ya soy mayorcita para distinguir la verdad de la mentira. Habla tranquila, Carmen. Si me dices la verdad, prometo que te ayudaré en todo lo que necesites.

GABRIELA
No te fíes, mamá. Tú no significas nada para ella.

GABI
¿Qué le ocurrió a mi padre?

CARMEN
Hace dos semanas sufrió un infarto cerebral.

GABI
¿Un infarto cerebral? *(A Gabriela)*. ¿Eso es verdad?

GABRIELA
Sí, es verdad.

GABI
O sea que, aunque haya bebido, no está mintiendo.

GABRIELA
No. No está mintiendo.

GABI
Sigue, Carmen, por favor.

CARMEN
Desde entonces está en coma. No se entera de nada. Está conectado a un sinfín de máquinas que lo mantienen vivo.

GABI
(Decepcionada). O sea que todavía está vivo.

GABRIELA
No parece que te dé mucha alegría la noticia.

GABI
¿Es que es una buena noticia?

CARMEN
¿Sabes? Vas a acabar cayéndome bien.

GABRIELA
¿Y vosotras sois la que preguntáis asombradas que cómo soy?

CARMEN
¿Quieres saber por qué necesitábamos que firmaras cuanto antes?

GABRIELA
Juro que como se lo cuentes te vas a arrepentir.

CARMEN
Tarde o temprano se va a enterar, así que prefiero contárselo yo. Estoy segura que saldré beneficiada si lo hago así.

GABRIELA
Espera un poco. Gabi, ¿te importaría dejarnos solas un minuto?

CARMEN
No, por favor. No te vayas. Es capaz de hacerme cualquier cosa.

GABRIELA
¿Qué te voy a hacer? Escúchame, por favor.

CARMEN
(A Gabi). ¿Sabes? No hay ningún contrato mágico.

GABI
¿No me digas?

CARMEN
Queríamos que firmaras la renuncia a tu herencia.

GABRIELA
Acabas de meter la pata, como siempre.

GABI
¿A mi herencia?

CARMEN
(A Gabriela). Ya se lo he dicho, así que si te quieres marchar...

GABRIELA
No pienso dejarte aquí sola con ella. Prefiero quedarme para ver hasta dónde eres capaz de llegar.

GABI
¿Qué herencia, Carmen?

CARMEN
No sé cuales fueron los motivos que tuvo tu padre para no darte sus apellidos cuando naciste, pero en su testamento deja bien claro que hay dos herederas de la editorial a partes iguales, Gabriela y tú.

GABI
Así que soy la dueña de la mitad de la editorial...

GABRIELA
Todavía no. Para heredar, primero tiene que haber un muerto.

CARMEN
Pero si teníamos prisa para que firmaras era porque...

GABRIELA
No, mamá, no se lo digas.

CARMEN
Sí, hija, sí se lo digo. El equipo neurológico del hospital nos ha dicho que en su estado lo mismo puede durar años que morir la semana que viene.

GABI
¿Y?

CARMEN
En cuanto muera, el albacea tiene orden de ponerse en contacto contigo inmediatamente para hacerte saber cuál es su voluntad. Esa es la verdad.

GABI
Vaya.

CARMEN
Si vendes tu parte de la editorial puedes sacar mucho dinero.

GABI
¿Qué pasa? ¿No es un buen negocio?

GABRIELA
Claro que es un buen negocio. Además de mantener estas dos casas, ¿sabes cuántas familias viven de ella?

GABI
Entonces, ¿para qué voy a vender?

GABRIELA
Ella tiene sus razones.

CARMEN
¿Qué razones voy a tener? Solo le informo de que vendiendo su parte, podría obtener grandes beneficios. ¿Para qué quiere ella un negocio que desconoce?

GABI
¿Seguro que solo es eso?

CARMEN
¿Qué interés voy a tener yo? A mí me da igual. Es por ti, por tu bien.

GABRIELA
¿Cuándo te ha interesado a ti el bien de nadie? ¡Qué poco te ha durado el ataque de sinceridad!

GABI
Carmen, si hay algo más, puedes contármelo con toda confianza.

GABRIELA
Vamos, cuéntaselo.

CARMEN
(A Gabi). Te juro que yo...

GABRIELA
No jures, mamá. Que eso está muy feo. Mira, se lo voy a contar yo. Total, tarde o temprano se va a enterar.

CARMEN
No hay nada que contar. Gabi, no le hagas caso. Desde que perdió a su hijo está muy trastornada.

GABRIELA
Te he dicho mil veces que no nombres a mi hijo. Da gracias que estamos aquí, porque si no, no sé qué te haría.

GABI
Pero estáis aquí. Así que os ruego que si tenéis algo más que decirme, lo hagáis cuanto antes.

GABRIELA
Claro, mujer, mira, si es muy fácil. Si vendes tu parte de la editorial, se lleva una buena parte de la venta y si la vendemos las dos, se forra.

GABI
¿Y si no vendemos?

CARMEN
Gabi, si no vendéis ninguna, dependeré de una mierda de sueldo y unos beneficios mínimos.

GABRIELA
Tranquila, yo te cuidaré tan bien como tú me has cuidado. Deja de lamentarte. Tú me llevaste a un internado y yo estoy pensando en hacer lo mismo contigo.

CARMEN
Deja de martirizarme.

GABRIELA
Cada uno tiene lo que se merece.

CARMEN
Sabes que no merezco quedarme con tan poca cosa. Llevo muchos años luchando, trabajando, aguantando. Haciendo la vista gorda cada verano de esos que habláis. Yo tampoco hice preguntas. Si me molestó o me dolió su abandono y sus ausencias solo lo sé yo, nadie se enteró.

GABRIELA
Siempre puedes vender tu casa.

CARMEN
¿Quieres que venda mi casa?

GABRIELA
A lo mejor a Gabi le interesa. Aunque no creo, porque ya tiene una igual. Véndele la escultura. *(A Gabi).* Te aseguro que es la original.

CARMEN
¿Cómo eres así?

GABRIELA
Soy como tú. O peor. Soy como tú y como mi padre. Lo llevo en la sangre.

CARMEN
Pues no lo seas. No seas como yo. Ni seas como tu padre. A lo único que me ha llevado ser así es a estar amargada todo el tiempo. ¡Dios mío, el tiempo! Tenemos el reloj, pero no sabemos manejar el tiempo. Intenta ser otra cosa distinta, pero no seas como nosotros.

GABRIELA
Relájate un poquito, mamá.

CARMEN
Díselo tú, Gabi. Dile que aún puede cambiar y ser mejor de lo que hemos sido su padre y yo.

GABI
¿Yo? Yo no soy quién para decir nada.

CARMEN
Sí. Tu novela habla de eso. Dices que hay gente que, de repente, un verano, conoce a una familia o a alguien especial y que son capaces de cambiar. Y dejan su ambición a un lado, porque se dan cuenta de que hay cosas más importantes.

GABI
Carmen, esas cosas solo pasan en la ficción.

CARMEN
Pero tú crees en ellas.

GABI
Que yo las haya escrito no quiere decir que crea en ellas.

GABRIELA
Claro que no crees en ellas. Es posible que tu madre te haya enseñado otras cosas, pero tú eres hija de mi padre. También eres como él.

GABI
Yo no soy como mi padre.

GABRIELA
Esas mismas palabras me repito yo, deseando con todas mis fuerzas que al decirlo sea verdad, pero no. Tú y yo sabemos que también somos como él. Nos guste o no. Nos parecemos más a él de lo que querríamos las dos.

GABI
Y si es así, ¿qué? He sido su hija para lo malo, pero al final parece que también lo voy a ser para lo bueno.

CARMEN

¿Y estáis contentas siendo así? Si no hacéis nada para mejorar eso, puede que lleguéis a ser peor que él. Tu novela, *Verano*, habla de la esperanza en ese tipo de cambios y... Todavía es verano.

GABRIELA

Mamá, por favor, déjate de melodramas. Siempre que bebes acabas igual.

Carmen cambia su actitud al ver que no logra nada.

CARMEN

Estaba intentando ablandarle el corazón, pero esta bastarda es dura como una roca.

GABI

Yo no soy una bastarda.

CARMEN

Sí, hija, sí, bastarda eres. Pero no te preocupes, hoy en día eso no tiene ninguna importancia. ¿Y sabes? Casi me gusta que seas así.

GABI

¿Bastarda?

CARMEN

No, así, como eres.

GABRIELA

Creo que necesito ir al servicio.

GABI
Puedes usar el de la entrada. ¿Sabes dónde está?

Gabriela mira a Gabi y sale del despacho. Suena el teléfono de Carmen. Carmen lo coge.

CARMEN
¿Sí, dígame? ¡Ah, sí, un momento, por favor! Gabi, ¿te importaría dejarme un momento sola?

GABI
Esta es mi casa.

Carmen mira de una manera a Gabi que hace que esta salga sin decir ni una palabra. Carmen sigue hablando por teléfono.

CARMEN
Sí, perdone, dígame... ¡Dios mío!... Entiendo, entiendo... ¿Y cuándo ha muerto?... Sí, no se preocupe, estoy bien, gracias... Sí, enseguida vamos para allá... Sí, gracias, muchas gracias.

Carmen se queda pensando en la noticia que acaba de recibir. Se dirige hacia donde está la botella. La abre, pero cuando va a llenar su copa, se lo piensa y la vuelve a cerrar. Entran Gabriela y Gabi.

GABI
¿Se puede?

Carmen ni siquiera contesta.

GABI
¿Y qué pensáis hacer ahora que lo sé todo?

GABRIELA
Vamos a casa, por favor.

CARMEN
Ya te dije que era una mierda de plan.

GABI
¿De verdad pensabais que alguien podía firmar un contrato así?

Carmen coge el contrato en blanco.

CARMEN
Un papel en blanco.

GABRIELA
Bueno, ya está bien. Algo había que hacer.

CARMEN
Sí, algo hay que hacer. Os gusta jugar, ¿verdad?

GABRIELA
Mamá, déjalo por favor.

CARMEN
Relájate tú ahora un poquito, Gabriela. ¿A quién le gusta escribir?

GABRIELA
A ella.

CARMEN
Es verdad, tú eres la escritora.

GABI
No dejáis de sorprenderme.

CARMEN
Toma, escribe.

GABI
(Con ironía). ¿Aquí, en el contrato?

CARMEN
Claro.

GABI
¿Y qué quieres que escriba?

CARMEN
Adivínalo.

GABRIELA
¿*Las Mil y Una noches*?

CARMEN
Frío, frío.

GABI
No se me ocurre nada, tendrás que dictarme tú.

CARMEN
Caliente, caliente.

GABRIELA
No vale. A ella le dices a todo que sí.

CARMEN
Es que ha acertado. Otra vez estás más atenta. Es tu juego favorito.

GABI
Pues tú dirás.

CARMEN
Escribe. Gabriela Ruiz Márquez...

GABRIELA
Vaya, esa soy yo. ¿Vais a escribir mi biografía?

CARMEN
Calla. Gabriela Ruiz Márquez, con documento nacional de identidad número tal, esto ya lo rellenaremos luego...

GABRIELA
¿Vas a redactar un contrato?

CARMEN
Caliente, caliente. ¿Ves? A ti también te digo que sí cuando aciertas.

GABI
¿Qué clase de contrato?

CARMEN
¿Quieres saberlo?

GABI
Sí.

CARMEN
Pues escribe. Y Gabriela... Perdona, no sé cuales son tus apellidos.

GABI
Montero Jiménez. Los dos son de mi madre, mi padre no quiso reconocerme.

CARMEN
No sería un buen padre si hizo eso. Pues ponlos. Gabriela, los apellidos de tu madre, con documento..

GABRIELA
Sí, con documento nacional de identidad tal y tal. Eso ya lo sabe, mamá, es catedrática.

GABI
Sí, catedrática. ¿Y tú qué eres?

CARMEN
Niñas, no pelearos. Escribe: Se reúnen con fecha de tal y tal, con el propósito de dejar firmado en este contrato la firme voluntad de compartir con Carmen Márquez Rubio, con documento tal y tal, la herencia que reciban de su padre, Gabriel Ruiz Prado, con documento tal y tal, quedando esta dividida en tres partes iguales.

GABI
¿Qué dices?

GABRIELA
Ni loca.

CARMEN
Escríbelo.

GABI
¿Por qué tendría que compartir mi herencia contigo?

CARMEN
¿Cuándo queréis cobrar esa herencia?

GABRIELA
Adivínalo.

GABI
Carmen, la herencia se cobrará cuando se muera mi padre.

CARMEN
Caliente, caliente. ¿Y cuándo queréis que se muera?

GABRIELA
¿Qué quieres decir?

CARMEN
Ahora no hay que adivinar nada, hija. He hablado muy claro. ¿Cuándo queréis que se muera?

GABI
Por mi parte lleva muerto mucho tiempo.

CARMEN
No, pero yo hablo de morirse de verdad, de quedarse tieso, frío. Vamos, cadáver, cadáver.

GABRIELA
Por mí, esta misma tarde.

CARMEN
¿Y tú, Gabi?

GABI
Por una vez estoy de acuerdo con Gabriela, si me dijeran ahora que se ha muerto, haría una fiesta.

CARMEN
Bien, pues yo tengo el poder de quitarle la vez a Dios.

GABRIELA
¿Qué?

CARMEN
Yo puedo hacer que muera esta misma tarde o mañana por la mañana, que ahora, hasta para morirse, hace demasiado calor.

GABI
Pero si él muere tú ya no tendrás nada y ahora al menos tienes los beneficios enteros de la editorial. Eres la única a la que no le conviene que se muera.

CARMEN

Ya me gustaría que fuera así. Pero no. El grueso de los beneficios va a cuentas que ninguna podemos tocar hasta que fallezca. A nosotras nos llega una parte muy pequeña. Suficiente para vivir cómodamente, pero no como deberíamos después de aguantar todo lo que hemos aguantado.

GABI

¿Y cómo puedes hacer que se muera, si puede saberse? Y no me digas «adivínalo», por favor.

CARMEN

Desconectándole de las máquinas que le mantienen vivo.

GABI

¿Y cómo piensas desconectarlo? ¿Tirando de los cables?

CARMEN

¿Tirando de los cables? Yo no soy una asesina.

GABRIELA

¿Cómo que no? Quieres cargarte a mi padre.

CARMEN

No, mujer, pediré a los médicos que lo hagan ellos: «Por favor, desenchúfenlo, no puedo seguir viéndole sufrir así de esa manera. Es inhumano».

GABRIELA

Pero tú no vas a hacer eso.

CARMEN

¿Por qué no?

GABRIELA

Porque dijiste que nunca lo harías.

CARMEN

Se dicen tantas cosas al cabo del día. Y la mayoría son mentiras o medias verdades.

GABRIELA

No me parece buena idea.

CARMEN

¿Ahora va a entrarte la pena?

GABRIELA

A mí no me da pena que se muera.

GABI

¿Segura?

GABRIELA

¿Y qué pasa si me da pena? Es mi padre, es lógico que me dé pena hablar de su muerte. ¿No sentirías siquiera un poco de lástima si muriera?

GABI

¿Qué le vamos a hacer? Es lo que tiene estar vivo, que te puedes morir. *(A Carmen, mientras termina de escribir el contrato).* Habías dicho: «Quedando esta dividida en tres partes iguales», ¿no?

CARMEN
Exacto. ¿Sabes, Gabi? Definitivamente, me gusta cómo eres.

GABRIELA
Yo también tengo motivos suficientes como para desear que se muera, pero no le mataría por dinero.

CARMEN
Aquí nadie va a matar a nadie, que quede claro. Solo es una opción que estamos barajando.

GABRIELA
¿Esta es vuestra manera de encontrar la felicidad?

GABI
Tienes razón. El dinero no da la felicidad... Pero ayuda mucho. Firmo aquí, ¿no?

CARMEN
Sí, Gabi. Firma aquí.

GABI
¿No vas a firmar, Gabriela? Es un contrato excelente.

GABRIELA
(A Carmen). No lo hagas, por favor.

CARMEN
Vamos, hija, tarde o temprano él se morirá. ¿De verdad quieres verle así, como un vegetal? Firma, anda.

GABRIELA
Sois lo peor.

CARMEN
Firma.

Gabriela se acerca y firma. Gabi comienza a rellenar los tres vasos.

GABI
Brindemos.

Carmen coge su vaso, se acerca a una ventana y se asoma.

CARMEN
Coge tu vaso, Gabriela. Brindemos.

GABRIELA
Sí, brindemos.

GABI
Es un buen acuerdo.

CARMEN
Parece que ya ha pasado la tormenta. (*Carmen se acerca a las dos Gabrielas)*. Estas tormentas de verano solo sirven para traer más calor. *(A Gabi)*. Deberías poner aire acondicionado.

Las tres, cada una con su estado de ánimo, chocan sus vasos y brindan.

CARMEN
Por Gabriel Ruiz Prado, que nos espere muchos años.

OSCURO.

Índice

Este libro se terminó de editar en Granada
en junio de 2024 por

Aliarediciones

www.aliarediciones.es

info@aliarediciones.es